Dans ma tête

Loi n°49-956 du 16 juillet 1949 sur les publications destinées à la jeunesse, modifiée par la loi n°2011-525 du 17 mai 2011.

© 2024 Tom Huser
Édition : BoD – Books on Demand, info@bod.fr
Impression : BoD – Books on Demand, In de Tarpen 42, Norderstedt (Allemagne)
Impression à la demande

Illustration : petitbonhomme.pro@outlook.fr
Couverture :petitbonhomme.pro@outlook.fr

ISBN : 978-2-3225-2408-2
Dépôt légal: Avril 2024

Tom Huser

J'ai mis sur papier mes pensées qui me hantent. Les écrire m'a permis de me sentir mieux et de comprendre mes émotions.

Pour une meilleure immersion, je vous conseille de mettre du piano, des douces mélodies en fond sonore.
Merveilleuse lecture à vous !

Sommaire

Tristesse 11

Amour 69

Mort 105

Tristesse

Nous n'adressons pas souvent des mots au bonheur alors...

Bonheur tu me manques.

Mon cœur déprime de cette douce lueur,
exprime cette douleur,
et trime pour revoir ses couleurs.

Sur un banc, assis,
je cartographie,
j'imagine les allées et venues,
leurs vies et leurs vécus,
j'oublie ma vie pour vivre dans la leur,
j'en oublierais presque mes douleurs.

A toi, mon cœur,
Le centre de mon corps,
Celui qui me fait vivre
Et le plus souffrir

Ne me lâche pas, j'ai encore besoin de toi.

Dans le lit,
assis,
je contemple la nuit.
Je réfléchis,
j'oublie,
j'emplis mes rêves
d'un bonheur,
pour éviter l'horreur.

Entouré, mais pourtant seul,
je crie « à l'aide »,
personne ne m'entend.
Alors je hurle,
puis je cède.
Ainsi, j'attends le printemps,
pour faire mon deuil.

Figurant de ma vie,
j'ai du mal à subsister.
Alors, je la lis,
la subissant au lieu de l'écrire

Te rappelles-tu de ces fragrances,
de cette joie d'antan,
de l'enfant en toi?

où est-il à présent?

Mes joues évacuent
mon vécu qui se dissout
Avec amertume.
Mes larmes entaillent
ce vitrail de l'âme
Avec amertume.
Ainsi, je pense mes plaies
épiant mon existence
Avec amertume.

Perdu dans ma tête,
Mes pensées m'asphyxient.

Pendant que l'horloge tourne,
Les aiguilles avancent,
Les secondes trépassent,
Alors que ma vie s'efface.

J'aimerais trouver un sens à toutes ces pensées qui me viennent et qui causent ma peine.

Tout seul, je me fais tellement de mal.

Le tour de garde de la lune commence, affalé sur cette chaise qui crie de vieillesse. Mon casque comprime mes oreilles, laissant s'échapper ces douces mélodies qui libèrent ce surplus de moi-même. Pris d'élan, mon corps s'élance et bouge sans la moindre coordination au rythme de mes larmes.

Dis-moi, comment puis-je exprimer ce que je ressens face à des mots qui sont si impuissants…

J'aimerais être un nuage,
pour être aussi libre que le vent,
pouvoir être celui que tout le monde imagine
et avoir la force d'un ouragan pour affronter les tempêtes.

Dans les bas-fonds de mes pensées,
Je ne trouve pas la lumière.
Mais en ai-je l'envie ?

Enfin obtenir la paix,
Fermer les yeux pour un repos,
Rêver sans limites.

Notre corps se détériore à l'instant même où nous commençons à vivre.

J'ai peur d'être qu'un souvenir,
qu'une idée vague.

Je veux que tu me détestes, que tu me haïsses.
Je veux que tu me voies, comme je me vois.

Je m'abandonne au point Nemo,
pour enfin écrire ces mots
qui me délivrent de mes maux.

Perdu, je verse mes larmes,
que mes joues en témoignent,
elles me désarment et me noient.

J'ai grandi à travers la différence que les autres me donnaient.

J'aime ma peine plus que le bonheur.

Elle ne m'a jamais lâché, dans le pire comme dans le meilleur, près de moi, elle était là. Tandis que le bonheur, à sa guise,
m'a abandonné.

Parfois, enfin de temps en temps, quelques fois quoi. J'aimerais pouvoir revenir dans le passé, bien que si demain on me donne le choix, je refuserai. J'ai tant traversé que je ne supporterais pas de tout changer. Je préfère être brisé maintenant que de n'avoir jamais connu ces douleurs. Elles font partie de moi, je les aime, elles m'ont fait grandir.

Pour toutes mes blessures,
Je vous aime du plus profond de mon cœur.

« Suis-je le problème ? »

« Se forcent-ils ou m'aiment-ils bien ? »

« Ai-je le droit de vivre ? »

« Pense-t-elle vraiment à moi ou dit-elle ça pour me faire plaisir ? »

« Sont-ils réellement sincères ? »

« Pourquoi sont-ils avec moi ? »

« Si je partais, leur manquerais-je ? »

« Ai-je le droit de me plaindre, d'être triste ? »

« Pourquoi me sens-je si vide ? »

« Pourquoi moi ? »

« Mérite-je vraiment tout ce bonheur ? »

« Suis-je vraiment différent, bizarre ? »

« Me parle-t-elle ou me répond-elle ? »

« Comment peut-elle m'aimer ? »

« Les rires, sont-ils pour moi ? »

« Ces mots, sont-ils sincères ou veulent-ils quelque chose de moi ? »

« Comment font-ils pour être heureux ? »

« Arrête de te plaindre, il n'y a pas que toi... »

« Pense aux autres, c'est pire pour eux... »

« Allez, fais-le, ils seront contents... »

« Il vaut mieux que ce soit eux, que moi... »

« Arrête de te poser trop de questions... »

« C'est nul, ce que tu fais, arrête... »

« Traverse, allez, fais-le... »

« Je veux partir... »

« Allez, souris... »

« Tu le mérites... »

« Je veux dormir... »

« Tu n'as pas le courage, alors arrête... »

« J'ai besoin d'aide... »

« C'est ta faute, c'est toi le problème... »

« Arrête de rêver, ça ne sert à rien... »

« Abandonne, tu sais que tu n'y arriveras pas de toute façon... »

« Partir loin, je veux partir, oublier... »

« Tu es de trop... »

Vivre, c'est ressentir.
Mes yeux battent pendant que mon cœur pleure.

Penché par la fenêtre,
j'emplis mes poumons d'un air glacial.

Tandis que le soleil fatigue,
et que les oiseaux se taisent.

Je vis

J'irai à la plage demain.
Regarder au loin dans l'horizon,
pour entendre les vagues,
sentir cette amertume.

Elle m'envahit.

Les larmes coulent,
elles se libèrent,
je suis condamné à vivre.

Je taille et j'arrose les plantes en moi,
mais elles ne font que m'empoisonner.
Pourtant, je prends soin d'elles.

Il est temps que mon passé ferme les yeux.

Les nuits passent, et les larmes viennent se loger dans le creux de mes insomnies.

Je me plonge dans cette mélancolie
qui me lie à jamais à mes pensées.

Pourquoi ne puis-je être plus ?
Pourquoi n'arrive-je pas à être plus ?

Pardonne-moi, Maman,
J'aimerais retourner en enfance,
Oublier ma conscience.
Pardonne-moi, Maman,
Revoir le sourire de mon père,
Refaire les gâteaux avec grand-mère.
Pardonne-moi, Maman,
Peux-tu me reprendre dans tes bras,
Pour entendre les battements de ton cœur.
Pardonne-moi, Maman,
Peux-tu allumer la lumière de ma joie d'antan.
Pardonne-moi, Maman,
Je pense, je divague,
J'en oublie mes blagues.
Pardonne-moi.

Je t'aime, Maman

Raconte-moi,
Pourquoi ton sourire disparaît ?
Raconte-moi,
Quels sont tes rêves ?
Raconte-moi,
Comment était ton enfance ?
Raconte-moi.

Je suis ton fils.
Je suis si impuissant face à tes malheurs.

Ici, maintenant et pour toujours, tu es mon père.

*Je t'aime
Papa*

Cette encre, exprime
Simplement
Toutes mes pensées,
cet espoir de pouvoir vivre,
cette douleur qui me déchire.
Juste ma vie.

Chaque jour passe sans que j'essaie de trouver une excuse pour expier mon mal-être.

Pour être qui je suis, on m'a détesté.
                    Pourtant, je ne l'ai pas choisi.
Alors, je me déteste aussi.

Je suis l'esclave de mes pensées.

Abandonner
ou
Espérer

Dans ma tête il y a plein de trucs,
rigolos ou tragiques
mais il y a plein de trucs.

Elles ont des blessures que personne ne peut comprendre.
Alors accorde-leur au moins ce sourire.

Imaginer une réalité qui n'est et qui ne sera pas. Juste fuir quelques instants.

Rêver est une malédiction.

Mes yeux plongés dans les siens, contemplant ce bonheur qui autrefois fut le mien.
Me suppliant de retrouver cette ignorance, simplement cette enfance qui me manque tant.

Je crains que ce bonheur avec les autres soit faux.
Qu'il sourit par moquerie.
Que ces regards ne soient que des jugements.
Que rien n'ait changé.
Qu'ils me voient telle que je me vois.

Le soleil brille tellement fort
Qu'il se consume.

à rendre tout si compliqué.

L'être humain a une facilité

Je veux toucher ce bonheur qui rend tous ces gens heureux. Pour pouvoir m'y baigner quelques instants, dans cette joie.

Mais qu'ai-je fait pour ne serait-ce que l'imaginer ?

Près de cette tasse où le café avait bordé les côtés, mon stylo entre mes doigts tremblotants a fui. Il a laissé s'échapper cette encre qui a déchiré le papier, laissant des cicatrices à mon carnet, à jamais. Mes yeux fatigués, quant à eux, ont permis à mes larmes de s'échapper, noyant l'encre et effaçant ses blessures. Mais le papier, à son habitude, n'en a fait qu'à sa tête et a englouti le breuvage, laissant cette preuve de force qui l'a gondolé, prouvant son courage à tout absorber. Voulant refaire le mot à mon image, l'encre de mon stylo est repassée sur le courage, déchirant ce qu'il restait.

Maintenu dans le même bateau, l'équipage incapable de s'entendre, se sabote sans se rendre compte qu'il se coule.

Cerveau & Cœur.

Tom Huser

J'ai consacré ma vie à essayer de comprendre son existence, pour simplement haïr d'avoir cette incompréhension.

Ces tourments du quotidien,
la joie et les pleurs,
l'amour et la haine.

Sans jamais accepter de VIVRE.

Pourquoi devrais-je avoir honte de mes émotions ?
Elles sont là, tout comme toi.

Allongé, mes yeux remplis de ce bleu qui éclate dans le ciel. Mes pensées divaguent, elles virevoltent. Des souvenirs, au suicide en passant par l'amour. Me posant trop de question plein de «et si» sans jamais savoir réellement ce qui serait advenu de cet imaginaire.

Tom Huser

Dans ma tête

Amour

Prends-moi dans tes bras, pour que je puisse sentir battre ce cœur qui autrefois était le mien.

Je vous contemple, en me disant que les dieux doivent être envieux.
Une simple humaine, mais d'une beauté à faire jalouser Aphrodite.
Des yeux si somptueux que Méduse en deviendrait pierre.
Je choisis vos bras plutôt que ceux de Morphée.
Ainsi, pour vous, j'irai aux Enfers telle Orphée.
Je porterai votre univers d'un bras pour vous enlacer de l'autre.

Voilà mon amour pour vous.

Tu me manques, je te désire.
Tu es là, je m'ennuie.

Elle m'a utilisé,
elle m'a brisé,
elle m'a aimé,
m'accrochant à ce sentiment qu'appellent les autres amours.

J'accepte.

Aujourd'hui, elle est partie, me laissant avec mes traumatismes.

Je te vois au bord d'un café dans ce manteau d'élégance. Nos yeux s'entrecroisent et laissent apparaître tes cheveux aux couleurs d'automne, cachant tes lèvres qui nous murmurent de nous aimer jusqu'à la fin.

Je rêve de ce jour où je te verrai

Inconnue.

Sans un mot,
nos lèvres s'aimantent,
nos regards s'enlacent.

Sur les sièges à l'arrière,
je nous imagine,
nos corps fusionnant.

Je rêve
Tu rêves
Nous rêvons

De cette manière, j'ai trouvé mon rêve.
Basique, d'un ennui mortel,
Mais pour moi, essentiel.

Aimer amoureusement à en perdre la vie.
Être aimé sincèrement, d'un amour inassouvi.

Découvrir ce mot que les autres appellent Amour.

J'ai espoir d'aimer, mais chaque sentiment creuse en moi, un peu plus profond chacun.

Habitué du rejet,
Mon cœur tremble d'aimer.

C'est fait… je suis prisonnier,
d'aimer sans retour.
Ton cœur vit pour autrui.

Alors, j'attendrai que mon cœur pleure,
pour revivre dans la peur.

Je t'ai cherché, hier dans la neige, à travers tes pas.

Tu es parti quand Nyx t'a tendu les bras.
Tu es parti sans ton écharpe, celle que je t'ai offerte.
Tu es parti sans rien dire.

Je resterai là, au coin du feu,
Dans l'ombre de l'hiver.
Je serai là.

J'aurais aimé t'inviter à danser.

Nos corps l'un contre l'autre, au rythme de nos pas.
Nos cœurs essoufflés.
Tes cheveux virevoltants.
Mes yeux envoûtés.
Nos lèvres aimantées.

J'aurais aimé apprendre à t'aimer.

Je t'aime aveuglément.
Je t'aime maladroitement.
Je t'aime délicatement.
Je t'aime patiemment.
Je t'aime amicalement.
Je t'aime intégralement.
Je t'aime courageusement.
Je t'aime brutalement.
Je t'aime soigneusement.
Je t'aime radicalement.
Je t'aime amèrement.
Mais surtout,
Je t'aime ardemment.
Je t'aime érotiquement.
Je t'aime amoureusement.
Je t'aime, évidemment.

Dis-moi que tu m'aimes.
Dis-moi que je compte pour toi.
Dis-moi que tu veux rester près de moi.

Dis-le-moi, encore et pour toujours.
Dis-le-moi, éternellement.
Dis-moi que tu m'aimes.

J'aurais aimé pouvoir avoir une deuxième vie.
Pas parce que j'ai commis des erreurs ou eu une vie négligeable.
Mais juste pour te découvrir de nouveau, te revoir pour la première fois.

J'aurais voulu un jour de plus.
Un jour pour t'aimer encore.

Un jour pour regarder ton visage.
me noyer dans tes yeux,
embrasser tes lèvres,
et tenir ta main.

Un jour de plus pour sentir l'odeur de tes cheveux,
caresser ta peau,
et te dire une dernière fois que mon amour t'appartient.

Je t'attends auprès de l'arbre.
Je compte chaque feuille jusqu'à ta venue.

L'automne arrive, les feuilles ne sont plus.
Et toi de même.

Je resterai assis, adossé à l'arbre.
Je compterai les bourgeons.

Toi et moi, mais pas nous…

J'attends ton message.
Éperdument et impatiemment, je l'attends.
Je bondis sur chaque notification espérant te voir.
Pourvoir voir que je suis dans tes pensées, ne serait-ce que quelques secondes.
Juste un instant.

J'ai un souhait.
Pouvoir te connaître.
Savoir ta vie, ton histoire, tes passions.
Ce qui te fait vivre et le plus souffrir.
Pouvoir apprendre chaque note de ta voix, chaque courbure de ton corps.
Savoir tes meilleurs souvenirs et pouvoir en créer avec toi.

Un souhait.

Un jour, ce sera le dernier.
Le dernier jour,
Le dernier regard,
Le dernier câlin,
Le dernier Je t'aime.

Ce sera tout simplement la dernière fois.

Penses-tu que si je t'avais dit quelques mots,
nous aurions pu grandir ensemble ?

Tu es rentré.

C'est ainsi qu'on le dit,
par la porte, qui ne fermait pas grand-chose.
Surement la lumière extérieure, mais pas toi.

À vrai dire, je ne sais pas si tu as fracassé l'entrer ou si tu as poussé délicatement la poignée.

Mais quand tu partiras, tu pourras refermer la porte derrière toi, s'il te plaît.

Penses-tu qu'elle m'ait remarqué,
du moins,
m'a-t-elle vu,
ne serait-ce qu'aperçu, juste du coin de l'œil ?

Je n'ai ni conversation ni nouvelle à t'apporter,
seulement l'envie d'être près de toi.

Prenez tous, mais laissez-moi ce don, celui de rêver.
Pouvoir te voir, sans même t'apercevoir.

On a parlé des heures.
Et ça sera tout,
rien de plus, rien de moins.

Mon erreur a été d'avoir eu espoir,
simplement d'avoir cru que toi et moi, ça aurait pu.

Au revoir, ces mots qui sonnent de vive voix,
un appel pour se revoir,
pouvoir de nouveaux se connaître.

Des instants impatiences?
où chaque seconde compte, pour s'apercevoir.

Simplement de nouveaux être avec toi.

Je t'en prie, ne me secoue pas,
tu vas tout briser.
Mes fondations ne sont pas solides.

Alors, enroule-moi plutôt de ton amour et décore l'intérieur.

Ce qui rend l'amour si beau, c'est de savoir que la fin est toujours tragique.
On aime en ayant conscience que l'on souffrira.

Trois mots pour toi.
Pas que tu ne vaux pas une déclaration, loin de moi cette idée.
Quelques mots du cœur valent mieux qu'un texte insignifiant. Bien que tes yeux méritent des poèmes écrits par les meilleurs. Tes lèvres, mille baisers d'un amour ardent. Tes cheveux eux, d'une odeur envoûtante mérite tant de douceur, et ton cœur, lui, mérite cet amour que l'on dit véritable et profond, cet amour éternel et des plus sincères qu'il nous fait perdre la tête, où chaque seconde est remplie de feux d'artifice qui accélèrent le cœur et font voyager les yeux...
Je m'égare.

Tu es merveilleuse.

Tom Huser

Un petit jeu, pour ce détendre.

Q	B	Y	S	W	H	F	S	A	B	L	I	E	R
Y	Q	P	A	S	S	I	O	N	J	K	K	E	S
B	D	N	E	O	S	O	D	Q	E	P	P	J	O
O	Y	U	S	U	A	K	V	H	O	P	L	B	M
N	A	I	U	L	R	R	K	Z	T	L	U	M	M
H	S	T	I	K	A	A	M	I	B	H	M	R	E
E	P	S	C	V	B	R	E	K	T	D	E	X	I
U	H	O	I	K	R	W	M	P	O	E	M	E	L
R	O	L	D	K	U	C	M	E	Q	Y	C	Y	Q
N	D	I	E	K	V	G	O	T	Z	L	D	P	D
W	E	T	A	A	G	F	R	N	D	J	Q	P	A
H	L	U	Y	J	Q	V	T	X	E	A	N	L	R
B	E	D	A	M	O	U	R	Q	M	E	R	C	I
O	J	E	T	P	E	N	S	E	E	Z	U	D	M

Ami
Asphodele
Larme
Mort
Passion
Plume
Sablier
Sommeil

Amour
Bonheur
Merci
Nuit
Pensee
Poeme
Solitude
Suicide

Dans ma tête

Mort

Je vous demande pardon
de vouloir quitter ce monde,
mon cœur s'inonde
de ce bonheur illusoire
qui ne fait que décevoir.
enfermé dans l'isoloir,
mon cerveau cogite,
s'inventant des histoires tragiques
qui l'enchaînent à la panique.

Je vis.
Rempli d'idées noires qui rongent ce vide en moi,
affrontant l'espoir de vivre.
Seulement trop lâche.
Alors, mes yeux s'ouvrent,
regardant la vie, si fade.
Ce sentiment de ne pas être fait pour vivre.

Je peins sur mon corps le paysage que mon cœur désire.

Un pas,
Seulement un pas,
pour que mon esprit soit libre.

Je le ferais avec grand plaisir,
je sauterais à pieds joints même.

Mais j'ai espoir.
Espoir de bonheur.
Espoir de voir de nouveau mon sourire dans ce miroir.
J'ai espoir de vivre.

                                                            Falaise.

Tous mes mots ont été distribués.
Je n'ai plus rien, ni remords, ni regrets.
Mais pourquoi n'ai-je pas le courage de partir ?

Mon cœur s'essouffle à devoir battre.

La porte est grande ouverte, elle n'aura pas besoin de frapper. Invitée d'honneur, je l'attends, champagne à la main.

« Te voilà, fêtons ça ! Tu ne m'as pas posé de lapin cette fois-ci »

lui dis-je.

Mon cœur bat au rythme de mes pensées.
                      Ainsi, je fais le vide dans ma tête.

À certains moments,
mes pensées s'enlacent
avec la mort.

Le prochain, est un texte sensible, basé sur l'idée d'une lettre d'adieu.

Si vous lisez ceci, c'est que je suis certainement parti dans un monde qui m'a tendu les bras. Perdu dans mes idées noires, du matin au soir. Je pense ne pas avoir vu la lueur du bonheur depuis plusieurs années. J'ai gardé espoir de vivre des moments de sourire, mais ceux-ci partent si vite, comme l'effet d'un rêve, pour laisser place à la tristesse.

Je ne vais pas le nier, j'aurais pu attendre que le temps passe, mais mon cœur atteint ses limites. Je n'arrive pas à être la personne que je voyais en moi, alors je subis mon existence au lieu de pouvoir l'embrasser. Je me demande pourquoi je n'arrive pas à être heureux ? Pourquoi les autres semblent si heureux ? Pourtant, je sais que ce n'est qu'un voile, et ce fait me rend triste, de ne pas savoir réellement comment vont les personnes. Elles vivent cachées derrière des sourires qui les empoisonnent. J'aurais aimé pouvoir parler avec ces personnes, les comprendre, partager leurs tristesses, et même pouvoir les prendre. Juste pouvoir leur venir en aide comme j'en avais besoin. Voir les gens heureux me permettait d'avoir du bonheur, seulement ironie de la chose, je n'arrive pas à déclarer ma peine. La peur de passer pour un con qui ne fait que se plaindre alors qu'il y a pire que moi. Juste le fait d'en parler me donne l'impression de forcer la pitié. Je voulais juste pouvoir vivre ma vie en étant heureux, pas en combattant mes pensées qui sont dans ma tête. Pourquoi mon cerveau me fait tant souffrir ? On est dans le même bateau, on devrait naviguer ensemble, pas se saboter.

J'aimerais pouvoir oublier, pouvoir tout recommencer à zéro. Partir loin au bord d'un lac, admirer le soleil qui se couche avec ce sentiment de paix intérieure qui me prendrait de toute mon âme. Perdre toute cette charge mentale qui me détériore.

J'ai vécu mon existence à travers celle des autres, incapable de l'écrire, je la lisais. Je voyais les garçons sortir avec les filles avec une facilité déconcertante. Et moi ? Comment je fais ? Quand, étant petit, on est le centre des rires des autres à cause de sa différence. Quand on te fait comprendre que tu es une merde, que ta vie ne vaut rien, que tu n'es bon qu'à satisfaire les rires de tes camarades ? Comment accepter et comprendre ces sourires qui te regardent ? Quand les gens te volent ta seule façon d'exister pour amuser la galerie ? J'ai vu tant de sourires qui m'ont fait tomber amoureux être destinés aux autres. Ma maman m'a appris à être gentil et respectueux envers les autres. Mais quand je vois le comportement des personnes, je me demande si j'ai réellement fait le bon choix d'appliquer l'éducation de mes parents. Comment fait-on pour grandir avec des plaies ouvertes qui ne cicatrisent pas ?

Puis vient le premier amour, cette personne qui enfin te voit pour ce que tu es et non pour ce que tu peux lui donner... Manipulé et utilisé pour son profit, je m'accroche à cet amour idyllique qu'elle me laisse entrevoir. Puis on arrive à s'en décrocher, revenir à cet espoir d'être important pour quelqu'un, juste être aimé par une personne sincère. Me prouver à moi-même que les autres avaient tort, que je peux être mieux qu'un personnage tertiaire de sa propre histoire.

J'aimerais pouvoir revenir en enfance, revivre les câlins de mon père après les petits matchs de foot qu'on se faisait. Revivre les câlins où ma mère me portait, ressentir battre son cœur de jeune femme.

Mais par-dessus tout, j'aimerais pouvoir accepter et aller de l'avant.

Tom Huser

Au coin de cette rue banale, je l'ai croisée. Habillée tout en noir, mais d'une grande élégance, elle tenait dans sa main gauche un parapluie. Pourtant, ce jour-là, il ne pleuvait pas, il servait sûrement à bloquer les larmes des cieux. Sa main droite, quant à elle, se posa sur moi.

Fin…

Je me demande qui sera là le jour où je ne serai plus.
Y aura-t-il beaucoup de monde ou seulement quelques personnes ?
Mes parents seront-ils présents ?
Et toi, mon frère, viendras-tu ?

Juste pour un adieu.

Comment savoir si je suis heureux ?

Est-ce ces moments où le sourire m'emporte,
ou bien
quand la corde me transporte.

La musique berçant mes pensées déraille,
laissant jaillir cette douleur de vivre.
Pris de pudeur, je danse.
Bâtissant mes funérailles au grand public, pour laisser entrevoir ma révérence.

Je ne m'aime pas beaucoup,
mais suffisamment
pour être toujours là.

J'aime exister.